AF257568

27
72
24446

# NOTICE

SUR MONSIEUR

## HENRI - ALBERT - JOSEPH

# CUVELIER

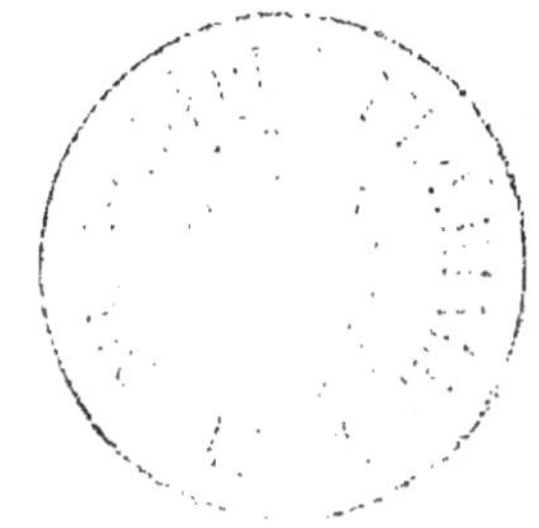

Il est dit dans la sainte Écriture que c'est
une pensée salutaire de prier pour les morts.
C'est aussi une pensée salutaire et chrétienne
de rappeler aux survivants les vertus et les bons
exemples de ceux qui les ont précédés dans le
tombeau, et de prolonger ainsi au delà de l'existence terrestre l'influence de ces exemples et de
ces vertus. Pour les hommes dont la vie a été
éclatante et publique, l'histoire se charge de ce
soin et perpétue leur souvenir en l'arrangeant
quelquefois au gré des passions contemporaines;
pour les hommes dont la vie, plus modeste, plus
cachée et souvent plus méritoire, n'a eu d'autres
témoins que Dieu dans le ciel et leur famille

sur la terre, il est nécessaire et il est bon qu'une voix amie rappelle, pour la consolation et l'édification de leurs enfants et de leurs proches, le bien qu'ils ont fait et les vertus qu'ils ont exercées ici-bas. Ainsi se forme et se perpétue dans les familles l'héritage de l'honneur, de la foi et de la vertu, moins estimé souvent et cependant plus estimable mille fois que celui de la fortune.

M. Henri-Albert-Joseph Cuvelier fut un de ces hommes simples et bons qui passent en faisant le bien, qui vivent sans bruit, mais non sans fruit pour eux-mêmes, pour leur prochain et pour leurs enfants : pour eux-mêmes, en méritant les récompenses de l'autre vie ; pour leur prochain, en remplissant à son égard ce rôle de la Providence que tout riche doit remplir s'il veut écarter de lui la malédiction des richesses mal acquises ou mal employées ; pour leur famille et leurs enfants, en préparant leur prospérité temporelle par les biens qu'il ont loyalement accrus et sagement administrés, leur félicité éternelle par les vertus qu'ils leur ont inspirées et les exemples chrétiens qu'ils leur ont donnés.

Né à Lille au commencement de ce siècle qui penche vers son déclin, issu d'une famille aussi honorable que chrétienne, élevé dans une atmosphère d'honneur, de simplicité et de foi, M. Henri Cuvelier préluda par la piété filiale aux vertus aimables qui embellirent sa vie. Sa jeunesse fut active, sage et pieuse. La prévoyante affection de son père lui donna le goût et l'habitude du travail en même temps que le goût et l'habitude des arts. La musique, qu'il cultiva d'abord par soumission filiale et qu'il aima bientôt avec ardeur, fut le charme, l'innocente passion et la consolation de sa vie.

Toute vie, en effet, même heureuse, a besoin d'être distraite et consolée. Le bonheur de ce monde est si peu de chose! En dehors des grands coups qui le brisent, il est tant de tristesses, tant de misères, tant d'accidents qui l'ébranlent et qui l'altèrent! Ni les grandes ni les petites épreuves ne manquèrent à la vie de M. Henri Cuvelier. Enfant, il perdit sa mère; homme, il vit mourir son fils, son seul fils, à l'âge de douze ans, et s'il put trouver un adoucissement à ses larmes en les mêlant à celles de sa chère femme, ce coup n'en fut pas moins cruel et terrible à son cœur. La révolution de février 1848, en ébranlant toutes les affaires et toutes les fortunes, en multipliant autour de lui les ruines commerciales et les désastres financiers, fut aussi pour M. Cuvelier une rude et longue épreuve. Enfin la délicatesse de sa santé jeta presque continuellement une ombre sur l'éclat et le bonheur de sa vie. Dans toutes ces douleurs publiques ou privées, il chercha et trouva avant tout les consolations de la foi, et en second lieu les consolations de l'amour conjugal et des affections de famille. Mais sa musique, sa chère musique, lui fut aussi une douce consolation et un constant refuge. Mozart, Haydn, Beethoven et leurs interprètes furent toujours pour lui de vrais amis. Il rendit à la musique le bien qu'elle lui faisait; il propagea son culte, il la fit aimer, cultiver autour de lui; il fut l'ami des grands artistes qui n'avaient plus besoin de protecteurs, et la providence des petits. On peut même dire que, par ce côté, son influence s'étendit au delà du cercle de la famille et de l'intimité; et son nom vivra longtemps dans le monde reconnaissant des artistes par ce patronage qu'il exerça si noblement, et qui est un des priviléges et une des gloires de la fortune.

M. Henri Cuvelier eut le mérite, trop rare de nos jours, de ne point séparer dans sa vie les vertus et les qualités naturelles de ces vertus toutes divines qu'on appelle la foi, la charité, l'espérance chrétiennes, reines et couronnes de toutes les autres. Les premières viennent de la nature, les secondes de la grâce ; mais, en réalité, les unes et les autres viennent de Dieu, auteur unique de la nature comme de la grâce.

Dans les affaires, M. Cuvelier poussait la probité jusqu'au scrupule ; sa délicatesse dépassait presque la mesure, et jamais fortune n'eut une source plus limpide et plus pure. En lui se manifesta une fois de plus la vérité de cette divine parole si peu méditée, si peu pratiquée dans le monde et qui renferme cependant le secret du bonheur de la terre comme du bonheur éternel : « Cherchez premièrement le royaume de Dieu, et le reste vous sera donné comme par surcroît. »

En 1848, la crise financière qui suivit la révolution de février sema les désastres autour de M. Cuvelier sans ébranler un moment la solidité de son crédit ; mais elle ébranla sa confiance en lui-même, ou plutôt dans les affaires, bien qu'il s'y conduisît avec une prudence qui mettait de son côté toutes les chances : il crut plus sage d'abandonner la banque, et de demander désormais à l'épargne l'accroissement d'une fortune que son habile probité avait déjà rendue très-considérable. Secondé par sa femme, il sut allier l'économie à l'opulence et à la générosité, secret indispensable au maintien et à la prospérité des familles, secret que Paris n'a presque jamais connu et que la province, plus heureuse autrefois, semble près d'oublier à son tour.

M. Cuvelier donna toujours l'exemple des vertus domestiques. Ce qu'il fut comme époux, sa femme seule le pourrait dire, tant son dévouement fut simple, profond, constant, et si naturel qu'il semblait l'ignorer lui-même. Dans sa dernière maladie, jusque dans ses derniers jours, au milieu de ses souffrances et de ses cruelles langueurs, c'était d'elle qu'il se préoccupait avant tout; il s'en voulait de tant souffrir, le pauvre et excellent homme, non à cause de lui-même, mais à cause des larmes que son état faisait verser à sa chère femme. S'il est vrai, comme l'a dit si admirablement Leibnitz, qu'aimer, c'est mettre sa félicité dans la félicité d'un autre, on peut dire que nul ne porta l'amour conjugal plus loin que M. Cuvelier : amour tendre et dévoué, source de joies pour ceux qui en sont l'objet, durant le temps qu'ils en jouissent, mais source intarissable de larmes du jour où il leur est enlevé !

M. Cuvelier fut un bon père; il aima ses enfants, il les aima chrétiennement; il leur inspira la foi et les vertus chrétiennes non-seulement par ses paroles, mais par ses exemples. Quand l'âge vint de marier ses filles, il rechercha dans ses gendres avant la fortune, la solidité des principes religieux, fondement unique à ses yeux du bonheur intérieur, et il ne fit pas comme tant de personnes du monde qui, mettant au premier rang, dans leurs discours, les qualités morales et les vertus chrétiennes, semblent les mettre au dernier, quand il s'agit d'établir leurs enfants.

Il fut aussi un ami tendre et dévoué, et, chose rare, en dehors même du cercle de sa famille, sa mémoire, après sept ans écoulés, est encore vivante et aimée dans le cœur de beaucoup de ceux qui vécurent dans son intimité.

Il avait une gaieté douce, sereine, et peu d'âmes furent et demeurèrent jusqu'à la fin plus innocentes que la sienne. Incapable du mal, il avait peine à y croire chez les autres, et quand l'évidence lui ouvrait les yeux, la bonté tendait toujours à les lui refermer. Ses intentions étaient droites et pures, et là même où il péchait en apparence, suivant la condition de la faiblesse humaine, souvent il demeurait innocent devant Celui qui voit le fond des cœurs.

Son esprit était cultivé; il avait beaucoup lu

et beaucoup retenu ; sa conversation était enjouée, son style original et distingué ; ses lettres avaient un tour particulier, un charme du temps passé, un je ne sais quoi qui sentait et rappelait la fréquentation des auteurs du grand siècle.

Que dire maintenant de ses vertus chrétiennes ? C'est en cela surtout qu'il a laissé des exemples que ceux qui lui survivent doivent méditer et s'efforcer d'imiter. Sa foi était simple, profonde, sans ombres, comme celle d'un enfant. Elle ne l'abandonna pas un instant depuis ses premières années jusqu'aux dernières ; elle fut le guide divin et la sauve-garde de sa vie. Quand on connaît le but et la fin de l'existence, quand on sait d'où l'on vient et où l'on va, on ne peut pas s'éloigner beaucoup de la droite voie : aussi peut-on dire que M. Cuvelier n'en sortit jamais. Toujours il crut, toujours il pratiqua ce qu'il croyait, sans ostentation comme sans respect humain.

« La foi qui n'agit point est-ce une foi sincère ? » a dit le poëte. — La foi de M. Cuvelier était agissante : elle se manifestait surtout au dehors par sa généreuse charité avec les pauvres, les communautés religieuses et les églises. Cette générosité était chez lui une vertu chrétienne plus encore qu'une vertu naturelle : il donnait par bonté d'âme, sans doute, et par compassion pour les misères d'autrui; mais il donnait plus encore pour accomplir le grand devoir catholique de de l'aumône, et l'on peut dire de lui que c'était vraiment Jésus-Christ souffrant qu'il secourait en ses pauvres.

C'était ce divin Maître qu'il servait aussi dans la personne de ses religieux et de ses religieuses et dans la nudité de ses sanctuaires. C'est par milliers de francs qu'il donnait aux couvents pauvres comme aux pauvres églises. Il contribua largement, entre autres, à l'établissement d'une maison des Petites-Sœurs des pauvres à Lille, et à la fondation de Notre-Dame de la Treille, cette cathédrale admirable déjà dans ses commencements, qui sera une des gloires de Lille et un témoignage incomparable de la foi et de la générosité de ses habitants. On peut donc appliquer en toute vérité à M. Cuvelier cette grande parole du Psalmiste : « Seigneur, j'ai aimé la beauté de votre maison et le lieu où habite votre gloire. »

La foi de M. Cuvelier grandit encore dans les derniers temps de sa vie, et l'approche de la mort développa merveilleusement ses vertus chrétiennes. A mesure qu'il se rapprochait de l'autre monde, il se détachait visiblement de celui-ci, et les seuls liens qui l'y retinssent encore dans ses derniers jours, étaient sa tendresse compatissante pour sa femme qu'il allait laisser veuve, et son affection pour ses enfants. La crainte des jugements de Dieu, qui avait toujours tenu une place considérable dans son âme, se fondait de plus en plus en amour; et elle finit par être si complètement absorbée par la charité et par le désir de la béatitude éternelle, qu'on l'entendit répéter avec ardeur les célestes paroles de saint Paul : « *Cupio dissolvi et esse cum Christo*, Je désire la dissolution de mon corps, pour aller avec le Christ. » Fatigué du poids de la vie et des langueurs de sa douloureuse maladie, il aspirait à la paix de l'éternité, à cette paix « qui dépasse toute intelligence » et que le Christ seul donne à ceux qui l'ont aimé.

Sa patience cependant ne se démentit jamais et fut inaltérable jusqu'à la fin. Il fut doux envers la souffrance, doux envers l'agonie et la mort, comme il l'avait été toute sa vie; sa fin fut simple, tranquille et pieuse, comme son utile et modeste existence.

Huit jours avant sa mort, on lui demanda s'il ne voulait pas recevoir l'extrême-onction. Cette demande ne lui apprit rien qu'il ne sût déjà; elle ne l'étonna ni ne l'émut. Il répondit qu'il y consentait volontiers, et la pieuse cérémonie s'accomplit paisiblement le dernier jour de l'année 1860, en présence de sa femme et de ses enfants. Quand elle fut terminée, il bénit successivement ses filles et ses gendres prosternés autour de son lit, et leur adressa quelques paroles et quelques conseils remplis de piété et de sérénité.

Ses derniers jours furent occupés tout entiers par la prière et par la souffrance, cette autre prière si excellente et si efficace, quand on sait, comme lui, l'offrir à Dieu.

Le 6 janvier, sa faiblesse était devenue extrême; c'était un dimanche, la fête de l'Epiphanie. Il convenait merveilleusement que ce jour de la fête des Rois mages fût le jour où M. Cuvelier passerait de cette vie à l'autre : patrons des bons riches, les Rois mages étaient les siens, puisque comme eux il avait offert au divin Rédempteur le triple hommage de l'or, de l'encens et de la myrrhe; l'or de ses aumônes, l'encens de ses prières et la myrrhe de ses souffrances.

Ce jour-là, vers huit heures du soir, M. Cuvelier se sentit à toute extrémité; son confesseur appelé entendit sa dernière confession et lui donna l'absolution. A dix heures, l'agonie commença; le saint prêtre, ami de son saint pénitent, était revenu pour savoir de ses nouvelles; il se mit à dire les prières des agonisants. Au bout de quelques minutes, il se leva, donna au mourant une dernière bénédiction; M. Cuvelier poussa un long soupir : c'était le dernier.

Ses funérailles furent simples, selon son désir; mais elles furent ornées des larmes de ses nombreux amis et de la prière des pauvres. Après un service à l'église de la Madeleine, sa paroisse à Paris, il fut transporté à Lille ; un autre service solennel fut célébré à l'église de la Madeleine, son ancienne paroisse à Lille; puis sa dépouille mortelle fut conduite au cimetière de Loos, et ensevelie à l'endroit indiqué par lui-même. Le cimetière d'Esquermes, où reposaient les restes de son père et de son fils, et celui de Loos ayant été supprimés par suite de l'agrandissement de Lille et de leur insuffisance, les trois cercueils furent exhumés en 1867 et transportés dans le nouveau cimetière de la ville, dit du Sud. On les plaça tous trois à quelques pas en avant du calvaire, du côté du bras gauche de la croix. C'est là que M. Cuvelier repose entre les ossements de son père et de son fils, et que dans la paix du tombeau il attend le grand jour de la résurrection.

15 juillet 1868, jour de la Saint-Henri.

— LILLE. TYP. J. LEFORT. M D CCC LXVIII —